Dieses Buch gehört

Ria Seitz-Lehnert

Sießschniss
Das saarländische Backbuch

LEHNERT VERLAG

KLEINE SAARLAND REIHE

Ria Seitz-Lehnert

Sießschniss

Das saarländische Backbuch
*Guddsjer * Pläddsjer * Schnääges * Kuchen*

ISBN 978 3-926320-79-7

Lehnert Verlag
Tannenstraße 7
66129 Saarbrücken-Bübingen
Telefon (06805) 207 86-0
Telefax (06805) 207 86-1
lehnert-verlag@t-online.de
www.lehnert-verlag.de

Internet-Buchhandlung:
www.lehnert-verlag.com

Alle Rechte der Verbreitung,
auch durch Film, Funk, Fernsehen,
Nachdruck oder Speicherung
und Rückgewinnung auf Ton- und
Datenträger - auch auszugweise
sind verboten

Buchgestaltung:
Charly Lehnert

Druck und Verarbeitung:
Laub GmbH, Elztal-Dallau

Printed in Germany

Aus dem Inhalt

Messwerte, Backtemperaturen 6

Teige 7

- Rührteig 8
- Quark-Blätterteig 8
- Quark-Ölteig 8
- Knetteig 9
- Hefeteig 10
- Biskuitteig 12

Guddsjer, Pläddsjer, Schnääges 13

Kuchen 39

- Trockene Kuchen 40
- Obstkuchen 51
- Gefüllte Kuchen 69

Torten 83

Fettgebackenes 90

Rezepte-Verzeichnis 93

Bücher aus dem Lehnert Verlag 96

Messwerte

g = Gramm
kg = Kilogramm
l = Liter
cl = Zentiliter
ml = Milliliter
TL = Teelöffel
EL = Esslöffel
Fl. = Fläschchen
1 geh. EL = 1 gehäufter Esslöffel
1 geh. TL = 1 gehäufter Teelöffel
1 gestr. EL = 1 gestrichener Esslöffel
1 gestr. TL = 1 gestrichener Teelöffel
1 P. = 1 Päckchen
1 Pr. = 1 Prise

Backtemperaturen

Alle Teige sollen auf Backrosten stehen und nicht auf dem Boden des Backofens oder auf dem Backblech. Die bei den einzelnen Rezepten angegebenen Backhitzen sind Richtwerte. Beachten Sie bitte die von dem Hersteller Ihres Herdes angegebenen Backtemperaturen
Alle Temperaturen sind in Grad Celsius angegeben.

Teige

Verwenden Sie zur Herstellung der Teige
Weizenauszugsmehl der Type 405

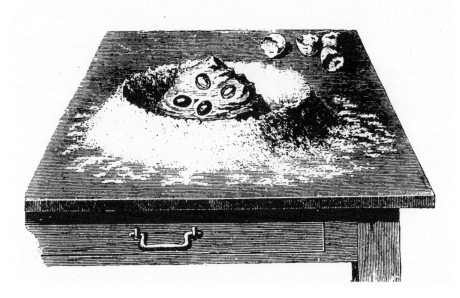

Teige

Rührteig

Für die Herstellung eines Rührteiges muss die Butter eine geschmeidige und weiche Beschaffenheit haben. Die Eier dürfen nicht kalt sein. Beide Zutaten sollte man frühzeitig aus dem Kühlschrank nehmen.

Die weiche Butter oder Margarine schaumig rühren. Über einer Tasse jedes Ei einzeln aufschlagen (so kann die Frische überprüft werden) und abwechselnd mit dem feinkörnigen Zucker und dem Vanillezucker in die Buttermasse rühren bis sie gebunden und glatt ist. Kein Zuckerkörnchen darf mehr zu spüren sein. Nun erst die Füllungen wie Rosinen, Nüsse, Mandeln, Aroma, Schokolade etc. hinzufügen. Das mit Backpulver gemischte Mehl zum Schluss unterrühren. Es darf nur so viel Milch dazugegeben werden, dass der Teig schwer reißend vom Löffel fällt.

Quark-Blätterteig

Dieser Teig ist bei dem Rezept „Apfelrolle" Seite 80 beschrieben.

Quark-Ölteig

Dieser Teig ist bei dem Rezept „Rosen- oder Schneckenkuchen" Seite 72 beschrieben.

Knetteig

(Arbeiten mit dem Rührgerät)

Das mit Backpulver gemischte Mehl in die Rührschüssel sieben.
Die streichfähige Butter, die über einer Tasse aufgeschlagenen Eier,
den Zucker und die Flüssigkeit hinzufügen und alles zusammen zunächst
auf niedriger Stufe kurz durcharbeiten und dann auf höchster Stufe gut
durchkneten. Sind Früchte für den Teig vorgesehen, werden diese zum
Schluss untergeknetet.
Den Teig anschließend
auf der leicht bemehlten
Arbeitsfläche mit den
Händen zu einem
glatten Teig kneten.

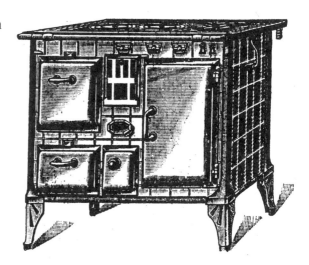

Hefeteig
(Grundrezept)

Zutaten:

500 g Mehl
1 P. Trocken-Backhefe oder
40 g Frisch-Hefe
1/4 l lauwarme Milch
80 g Zucker
1 Pr. Salz
80 g Butter

Zubereitung mit Trocken-Backhefe:

Die Butter zerlassen, abkühlen lassen und die Milch erwärmen.
Das Mehl und die Trocken-Backhefe in einer Schüssel mischen.
Alle übrigen Zutaten hinzugeben und verrühren. Während des Rührens
die lauwarme Milch nach und nach hinzugeben.

Zubereitung mit Frisch-Hefe:

Bei der Verarbeitung von Frisch-Hefe muss diese zuerst angesetzt werden.
Es gibt zwei Möglichkeiten:

1. Die Hefe in eine kleine Schüssel geben und mit einer Gabel zerdrücken. Einen knappen Teelöffel Zucker hinzufügen und mit etwas lauwarmer Milch verrühren.

Die Masse an einem warmen Ort gehen lassen, bis sie sich verdreifacht hat. Anschließend mit den restlichen Zutaten verarbeiten und aufgehen lassen.

2. 2/3 des Mehls (1/3 bleibt für das spätere Kneten des Teiges) in eine Schüssel sieben, in die Mitte eine Mulde eindrücken und die Hefe darin zerkrümeln. Mit wenig Zucker und lauwarmer Milch zu einem Vorteig verrühren und aufgehen lassen. Anschließend mit den restlichen Teigzutaten verarbeiten, zudecken und aufgehen lassen.

Wichtig ist, dass sowohl bei der Zubereitung mit Trocken-Backhefe als auch mit Frisch-Hefe nach der Verarbeitung aller Zutaten der Teig aufgehen muss.
Bei zutatenreichen Teigen, z.B. für Stollen, muss die Hefe zuerst angesetzt werden.

Teige

Biskuitteig

(Arbeiten mit dem Rührgerät)

Biskuitböden für Torten immer am Vortag backen.

Zuerst den Boden einer Spring- oder Obstkuchenform einfetten und mit Pergament- oder Backpapier auslegen. Den Rand bei einer Obstkuchenform fetten, bei einer Springform jedoch nicht, da sonst der Teig abrutscht und sich in der Mitte wölbt.

Zur Herstellung des Teiges:

Jedes Ei über einer Tasse einzeln aufschlagen und auf seine Frische überprüfen. Eigelbe in die Schüssel geben, Eiweiß aufbewahren. Die angegebene Menge heißes Wasser zum Eigelb geben und eine Minute schaumig schlagen. Anschließend Zucker und Vanillezucker einrieseln lassen.
So lange schlagen bis eine weißcremige Masse entsteht und sich der Zucker aufgelöst hat. Nun das Eiweiß zu Schnee schlagen und auf die Creme geben. Das mit Stärkemehl und Backpulver gemischte Mehl darübersieben und mit einem Schneebesen alles zusammen unter die Creme heben.
Den Teig in die Form füllen und sofort backen. Nach dem Backen den Kuchen etwas abkühlen lassen, mit einem Messer vom Rand lösen, auf einen Kuchenrost stürzen und die Backform entfernen.
Papier sofort vom Biskuitboden abziehen.

Guddsjer * Pläddsjer Schnääges

Karamell-Guddsjer

40 g Butter	in eine Pfanne geben und so lange
250 g Zucker	rühren, bis der Zucker flüssig und
1 P. Vanillezucker	hellbraun ist

1/4 l Milch	dazugießen

Die Karamellmasse so lange unter Kochen rühren, bis sie dick wird. Auf ein gefettetes Backblech streichen, die halbfeste Masse in 2 cm große Stücke schneiden und auskühlen lassen.

Honig-Guddsjer

200 g Zucker	10 bis 15 Minuten kochen
1 EL Essig	und in eine
1 EL Honig	mit Zucker ausgestreute
3 EL Wasser	Form gießen

Die erkaltete Masse in Stücke schneiden.

Sahne-Honig-Guddsjer

1/4 l Sahne	in einen Topf mit dickem
250 g Zucker	Boden geben, verrühren,
60 g Honig	zum Kochen bringen und bei mittlerer
10 g Butter	Hitze offen 15 Minuten kochen

Eine rechteckige Form mit Backpapier auslegen, die Sahne-Honig-Masse hineingießen und abkühlen lassen. Dann in 2 cm große Quadrate schneiden und ganz fest werden lassen.

Rahm-Guddsjer

1/4 l Sahne	unter ständigem Rühren so lange kochen
250 g Zucker	bis sich die Masse vom Topfboden löst.

Ein Backblech oder eine Marmorplatte mit Öl bepinseln und die Masse etwa 2 cm dick darauf ausstreichen. Erkalten lassen und in rechteckige oder rautenförmige Stücke schneiden.

Gebrannte Mandeln

200 g Zucker	in eine Pfanne
1 P. Vanillezucker	geben
100 ml Wasser	und aufkochen

200 g ganze, ungeschälte Mandeln | dazugeben

So lange rühren, bis das Wasser verdampft ist und der Zucker wieder trocken wird. Weiter rühren, bis er wieder anfängt zu schmelzen und die Mandeln glänzen. Anschließend auf ein gefettetes Blech geben, abkühlen lassen.

Gebrannte Zimtmandeln

375 g ganze, ungeschälte Mandeln	waschen und trocknen lassen
250 g Zucker	
1/8 l Rosenwasser	verrühren,
2 gestr. TL Zimtpulver	3 Minuten kochen lassen

Mandeln in die Zucker-Zimtmasse geben, eine Minute unter ständigem Rühren kochen lassen, auf eine Porzellanplatte geben, erkalten lassen und in mundgerechte Stücke brechen.

Pistazien-Makronen

Für den Teig:

2 Eiweiß *1 Prise Salz*	steif schlagen
140 g Zucker	dazurieseln lassen und weiterschlagen

100 g geschälte, gemahlene Mandeln *75 g gemahlene oder gehackte Pistazienkerne* *1 TL Zitronensaft*	unterheben

Mit zwei Teelöffeln walnussgroße Häufchen auf ein gefettetes Backblech setzen und backen.

E-Herd: 150° / Umluft: 130° / Gas: 1 / Backzeit: 15 Minuten
(Die Plätzchen sollen hell bleiben)

Für die Verzierung:

100 g dunkle Kuvertüre *oder Schokoladenglasur*	schmelzen
40 g Pistazienhälften	Die abgekühlten Makronen zur Hälfte eintauchen und mit jeweils einer halben Pistazie verzieren

Spritzgebackenes

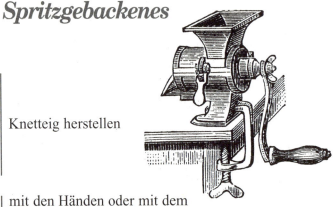

Für den Teig:

500 g Mehl
250 g Butter
250 g Zucker
2 Eier
1 Pr. Salz
1 P. Vanillezucker

Knetteig herstellen

125 g gemahlene Haselnüsse

mit den Händen oder mit dem Rührgerät unterarbeiten

Den Teig in eine Folie wickeln und 1 bis 2 Stunden im Kühlschrank ruhen lassen. Dann durch einen Fleischwolf mit Spritzgerätvorsatz drehen. Kringel drehen oder S-Formen bilden und jeweils mit etwas Abstand die Teile auf eine Backfolie oder auf ein gefettetes Backblech legen. Hellbraun backen.

E-Herd: 175°-200° / Umluft: 150°-170° / Gas: 3-4/ Backzeit: 10-15 Minuten

Das erkaltete Gebäck zur Hälfte mit Schokolade-Glasur bestreichen.

Ausgestochenes

Für den Teig:

250 g Butter	
175 g Zucker	weißschaumig rühren
2 P. Vanillezucker	
300 g Mehl	unterarbeiten und zu
1 EL Milch	einem glatten Teig verkneten

Sollte der Teig kleben, ihn kurze Zeit kalt stellen.

Den Teig dünn ausrollen, mit kleinen beliebigen Formen ausstechen, auf ein Backblech legen und hellbraun backen.

E-Herd: 175°-195° / Umluft: 160°-170° / Gas: 2-3 /
Backzeit: 10 Minuten

Vanillehörnchen

Für den Teig:

250 g Mehl
2 P. Vanillezucker
75 g Puderzucker
1 Pr. Salz
100 g abgezogene,
feingemahlene Mandeln
200 g Butter

vermengen und schnell zu einem glatten Teig verkneten

Aus dem Teig fingerdicke Rollen formen, in 3 cm lange Stücke schneiden. Jedes Stück so formen, dass die beiden Enden zu einer Spitze auslaufen. Zu Hörnchen biegen und auf ein mit Backpapier ausgelegtes Backblech legen und backen.

E-Herd: 175°-200° / Umluft: 160°-170° / Gas: 3 /
Backzeit: 10 -15 Minuten

Die Vanillehörnchen sofort nach dem Backen vom Papier lösen und noch heiß in einer Mischung wenden aus

100 g Puderzucker
2 P. Vanillezucker

Pfeffernüsse

Für den Teig:

2 Eier *250 g Zucker*	so lange rühren, bis der Zucker vergangen ist
20 g Zitronat (ganz klein gehackt) *1 TL Zimt* *je 1 Messerspitze* *gemahlene Nelken* *gemahlener Pfeffer* *gemahlener Muskat*	dazugeben
250 g Mehl *1 TL Backpulver*	unterrühren und den Teig kneten

Den Teig gut 1 cm dick ausrollen, mit einer runden Form (1,5 cm) Plätzchen ausstechen und auf ein gefettetes Backblech setzen. Über Nacht stehen lassen, dann die Plätzchen umdrehen und backen.

E-Herd: 175°-200° /
Umluft: 150°-160° /
Gas: 3-4 /
Backzeit: 15-20 Minuten

Pefferniss unn Mandelkääre esse alle Kinner gääre

Anis-Pläddsjer

Für den Teig:

3 Eier *250 g Zucker*	so lange schaumig rühren, bis der Zucker vergangen ist
1 gestricher *EL Anis, ganz*	dazugeben
250 g Mehl	vorsichtig unterrühren. Der Teig darf nicht zu fest werden.

Mit einem Teelöffel oder mit einem Spritzbeutel kleine Häufchen auf ein gefettetes, bemehltes Blech setzen und die Plätzchen über Nacht an einem warmen Ort trocknen lassen. Erst dann backen. Sie sollten oben glatt und weiß bleiben und „schöne Füßchen" bekommen.

E-Herd: 125° / Umluft: 100° / Gas: 1 /
Backzeit: 20-25 Minuten

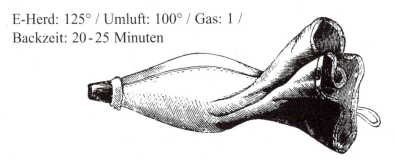

Makronen

Für den Knetteig:

250 g Mehl *125 g Butter* *50 g Zucker* *3 Eigelb*	verarbeiten und kühl ruhen lassen

Für die Makronenmasse:

3 Eiweiß *200 g Zucker*	zu Schnee schlagen, dazurieseln lassen und weiterrühren
250 g gemahlene Mandeln oder Haselnüsse *evtl. 2 Tropfen Backöl Bittermandel*	unterrühren

Den Teig dünn ausrollen, mit einer runden, gezackten Form (4 cm) Plätzchen ausstechen und auf ein gefettetes Backblech legen.
Mit einem Teelöffel von der Makronenmasse Häufchen abstechen, auf die Plätzchen setzen und backen.
E-Herd: 175°-200° / Umluft: 150°-170° / Gas: 3-4 /
Backzeit: 10-15 Minuten

Zimtsterne

Für den Teig:

3 Eiweiß	zu sehr steifem Schnee schlagen,
400 g Puderzucker	sieben und unterrühren, 1/3 der Eiweißmasse wegstellen
1 1/2 TL Zimt *2 EL Zitronensaft* *500 g ungeschälte,* *gemahlene Mandeln*	unter die Eiweißmasse rühren und verkneten

Den Teig auf einer mit gemahlenen Haselnüssen oder gesiebtem Puderzucker bestreuten Arbeitsplatte etwa 1/2 cm dick ausrollen, Sterne ausstechen und auf ein mit Backpapier belegtes Backblech legen. Diese dann sorgfältig mit der zurückbehaltenen Eiweißmasse bestreichen, einige Stunden trocknen lassen und backen.

E-Herd: 130-150° / Umluft: 120° / Gas: 1-2 /
Backzeit: 20-30 Minuten

Zimtwaffeln

Für den Teig:

125 g Butter	
125 g Zucker	
2 Eier	einen Rührteig herstellen
15-20 g Zimtpulver	
250 g Mehl	

Aus dem Teig walnussgroße Kugeln formen und auf jedes Feld des heißen Zimtwaffeleisens setzen. Nachdem die Waffeln goldbraun gebacken sind, werden sie herausgenommen, auseinandergebrochen und beschnitten.

Walnuss-Schäumchen

Für den Teig:

4 Eiweiß	sehr steif schlagen
200 g Puderzucker *1 P. Vanillezucker*	unterrühren
400 g kleingehackte Walnusskerne	unterheben

Kleine Häufchen auf ein gefettetes Backblech setzen und backen.

E-Herd: 175°/ Umluft: 150° / Gas: 2 / Backzeit: 25-30 Minuten

„Holzgebäck"

Für den Teig:

4 Eier	schaumig rühren
500 g Zucker	einrieseln lassen
500 g Mehl *1 EL Anis, gemahlen*	hinzufügen

Den Teig 2-3 Stunden ruhen lassen. Dann auf bemehlter Arbeitsfläche 1 cm dick ausrollen. Springerle-Model mit Mehl bestäuben, auf den Teig drücken, ausschneiden und auf ein gefettetes und bemehltes Backblech legen und am besten über Nacht an einem warmen Ort stehenlassen. Dann erst backen.

E-Herd: 170° / Umluft: 150° / Gas: 2 / Backzeit: 15-20 Minuten

Das „Holzgebäck" sollte hell bleiben, „schöne Füßchen" bekommen und mindestens 4 Wochen lagern, damit es weich wird.

Terrassen

Für den Teig:

300 g Mehl	
100 g Zucker	schnell zu einem glatten
1 P. Vanillezucker	Teig verkneten und
1 Ei	1 Stunde kühl ruhen lassen
150 g Butter	

Den Teig portionsweise auf bemehlter Arbeitsfläche etwa 2-3 mm dick ausrollen. Gleich viele runde, gezackte Plätzchen in drei verschiedenen Größen ausstechen, auf ein gefettetes Backblech legen und goldgelb backen.

E-Herd: 175° / Umluft: 150°-160° / Gas: 2 / Backzeit: 8-10 Minuten

150 g Himbeer- oder Johannisbeer-Marmelade glattrühren.
Plätzchen auskühlen lassen. Von je drei Plätzchen verschiedener Größe die beiden kleineren auf der Unterseite mit Marmelade bestreichen und terrassenförmig auf das größte setzen. Die Terrassen dick mit Puderzucker überstäuben.

„Kalter Hund"

2 Päckchen Butterkekse

Für die Nougatfüllung:

3 Tafeln Zartbitter-Schokolade *250 g Palmin*	in einer Schüssel zerbröckeln und im Wasserbad schmelzen lassen, umrühren und erkalten lassen,
3 Eier *250 g Puderzucker, gesiebt* *1 P. Vanillezucker* *1 EL Rum*	schaumig rühren

Die Schokoladenmasse esslöffelweise unter die Eiermasse rühren.

Butterkekse und Füllung schichtweise in eine Kastenform füllen und im Kühlschrank erkalten lassen. Ist die Schokoladenmasse fest, wird der kalte Kuchen gestürzt und in kleine Rechtecke geschnitten. Statt der Butterkekse kann man auch rechteckige Oblatenplatten verwenden und wie oben verfahren.

Bleibt von der Schokoladenmasse ein Rest, füllt man ihn in einen Spritzbeutel mit Sterntülle, füllt damit kleine Pralinenmanschetten und stellt sie kalt. So hat man schnell ein Eiskonfekt.

Nougat-Pläddsjer

Für den Teig:

250 g Mehl
1 gestr. TL Backpulver
75 g Zucker
1 P. Vanillezucker
1 Ei
1 EL Milch
125 g Butter

zu einem Knetteig verarbeiten und kühl stellen

Den Teig auf bemehlter Arbeitsfläche dünn ausrollen, mit einem runden Förmchen (4 cm) Plätzchen ausstechen und auf gefettetem Blech backen.

E-Herd: 175°-200° / Umluft: 150°-160° / Gas: 3-4 / Backzeit: 10 Minuten

Für die Füllung: 1/2 Rezept Nougatfüllung (siehe „Kalter Hund", S. 28)

Sie muss schon etwas fester sein. Die Unterseite eines Plätzchens mit Nougatmasse bestreichen, ein zweites Plätzchen mit der Unterseite darauf legen. Anschließend zur Hälfte in dunkle Kuvertüre eintauchen. Die Plätzchen kühl aufbewahren.

Walnuss-Zungen

<u>Für den Teig:</u>

3 Eiweiß	zu steifem Schnee schlagen
125 g Zucker	einrieseln lassen und weiterschlagen
50 g geschmolzene, kalte Butter *75 g gemahlene Walnusskerne* *50 g Mehl*	unter die Eiweißmasse heben

Den Teig in einen Spritzbeutel mit Lochtülle füllen und kleine Zungen auf ein gefettetes, mit Mehl bestäubtes Backblech spritzen.
Mit gemahlenen Walnusskernen bestreuen und backen.

E-Herd: 175° / Umluft: 150° / Gas: 2 / Backzeit: 10-12 Minuten

Dattelmakronen

Für die Makronenmasse:

3 Eiweiß	zu sehr steifem Schnee schlagen
150 g Zucker	nach und nach dazugeben und so lange weiterschlagen, bis eine glänzende Masse entsteht
150 g Mandelstifte *150 g feingewürfelte Datteln*	unterheben

Mit zwei Teelöffeln kleine Häufchen auf ein gefettetes oder mit Backpapier belegtes Backblech setzen und backen.

E-Herd: 175° / Umluft: 150° / Gas: 2 / Backzeit: 25-30 Minuten

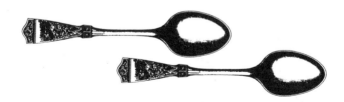

Würzige Halbmonde

Für den Teig:

250 g Mehl *1/2 gestr. TL Backpulver* *100 g Zucker* *1 P. Vanillezucker* *je 1/2 gestr. TL Zimt, Nelken* *und Kardamom* *1 Messerspitze Muskatblüte* *2 Eier* *125 g Butter* *100 g Haselnüsse, gemahlen*	zu einem Knetteig verarbeiten und kühl stellen 

Den Teig dünn auf bemehlter Arbeitsfläche ausrollen, mit einem Halbmond-Förmchen Plätzchen ausstechen und backen.

E-Herd: 175° / Umluft: 150° / Gas: 3-4 / Backzeit: 12 Minuten

Die erkalteten Halbmonde zur Hälfte in dunkle Schokoladen-Glasur tauchen.

Lebkuchen-Schnitten

Für den Teig:

250 g Butter *350 g Zucker* *3 Eier*	schaumig rühren
500 g Honig *20 g Zimt* *2 P. gemahlener Anis* *1 TL Natron*	hinzufügen
1 kg Mehl *1 1/2 P. Backpulver*	mischen
Mehl mit 1/2 l Milch	abwechselnd unterrühren

Teig auf zwei mit Backpapier ausgelegte Bleche streichen und backen.

E-Herd: 200° / Umluft: 175°-185° / Gas: 3 / Backzeit: 25 Minuten

Den noch heißen Lebkuchen mit 400 g flüssiger Kuvertüre bestreichen.

Nach dem Erkalten in kleine Stücke schneiden.

Spitzbuwe

Für den Teig:

250 g Butter
180 g Zucker
2 P. Vanillezucker
125 g gemahlene Haselnüsse
300 g Mehl
1 Messerspitze Backpulver

verkneten

Den Teig dünn ausrollen, mit einem runden Förmchen Plätzchen ausstechen und auf ein gefettetes oder mit Backpapier ausgelegtes Backblech legen und backen. Das Gebäck darf nicht braun werden.

E-Herd: 175°-200° / Umluft: 160°-170° / Gas: 3-4 /
Backzeit: 10-12 Minuten

Die Hälfte der Plätzchen noch warm mit Johannisbeer-Marmelade bestreichen, die übrigen mit der Unterseite darauf legen und in einem Gemisch aus Puderzucker und Vanillezucker wenden.

Kokos-Makronen

Für die Makronenmasse:

4 Eiweiß	zu festem Schnee schlagen
200 g Zucker *1 P. Vanillezucker* *2 Tropfen Backöl Zitrone*	nach und nach unterrühren
300 - 400 g Kokosflocken	unterheben

Damit die Kokos-Makronen „saftiger" bleiben, gibt man 70 g Quark unter die Makronenmasse.

Mit 2 Teelöffeln kleine Häufchen auf ein gefettetes Backblech oder auf Backoblaten setzen und backen.

E-Herd: 200° / Umluft: 180° / Gas: 3-4 / Backzeit: 10-15 Minuten

Die Kokosmakronen kann man mit Schokoladenglasur überziehen.

Mandelherzen

Für den Knetteig:

250 g Butter	Knetteig herstellen
120 g Puderzucker	und 1 Stunde
100 g gemahlene Mandeln	im Kühlschrank
350 g Mehl	ruhen lassen

Den Teig ausrollen und Herzen ausstechen. Mit Eigelb bestreichen.
Die Herzen jeweils mit 2 halben Mandeln belegen, mit Eigelb bestreichen
und hellbraun backen.

E-Herd: 190° / Umluft: 175° / Gas: 3-4 / Backzeit: 10 Minuten

Apfelsinen-Schnitten

Für den Knetteig:

500 g Mehl
2 gestr. TL Backpulver
150 g Zucker
1 P. Vanillezucker
2 Eier
250 g Butter

verarbeiten

Für die Füllung:

400 g gemahlene Mandeln
250 g Zucker
Saft von 3-4 Apfelsinen
abgeriebene Schale
der Apfelsinen

zu einer streichfähigen Masse rühren

Die Hälfte des Teiges auf ein gefettetes Backblech ausrollen. Darauf die Füllung streichen. Den restlichen Teig zu einer Platte ausrollen und über die Füllung legen. Die Ränder andrücken und die Oberfläche mit einer Gabel mehrmals einstechen. In den Backofen schieben.

E-Herd: 175°- 200° / Umluft: 150°- 160° / Gas: 3-4 /
Backzeit: 20-25 Minuten

Nach dem Backen sofort mit einem Guss aus
100 g gesiebtem Puderzucker und etwa 2 EL Apfelsinensaft
bestreichen und in etwa 2x5 cm große Streifen schneiden.

Quittenbrot

2 kg Quitten | mit einem Tuch abreiben, schälen, Kerngehäuse entfernen, klein schneiden, im Topf mit Wasser bedecken und 30-45 Minuten kochen. Anschließend abtropfen lassen.

Schale von je einer Zitrone und Orange | kleinhacken und mit

Quitten
15 g Zimtpulver
2 EL Kirschgeist | mischen und zugedeckt über Nacht stehen lassen

Die Quittenmasse durch ein Sieb streichen, abwiegen, mit der gleichen Menge Zucker mischen und in einen Topf geben. Masse unter Rühren kochen, bis sie sich vom Rand löst.

100 g Zitronat
100 g Orangeat | kleinhacken und unterrühren

Ein Randblech mit Alufolie auslegen, Masse 1 cm hoch einfüllen und im Backofen einige Stunden bei 50° trocknen lassen.

Anschließend in Rauten schneiden und in Zucker wälzen.

Kuchen

Trockene Kuchen

―――――― Hefeteig ――――――

Zuckerkuchen

1 Grundrezept Hefeteig (Seite 10), angereichert mit einem Ei

Belag für Zuckerkuchen:

150 g Butter	sahnig rühren
1 TL Zimtpulver *125 g Zucker*	mischen

Den aufgegangenen Teig auf ein gefettetes Blech ausrollen.
Die Oberfläche mit einer Gabel vielfach einstechen. Die Butter
auf den Teig streichen. Mit dem Zimt-Zucker-Gemisch bestreuen
und goldbraun backen.

E-Herd: 200° / Umluft: 170°-180° / Gas: 2-3 / Backzeit: 20 - 30 Minuten

Grimmelkuche / Streuselkuchen

1 Grundrezept Hefeteig (Seite 10)

Für die Streusel:

70 g weiche Butter	verflüssigen und abkühlen lassen
100 g weiche Butter	mischen und
300 g Mehl	die abgekühlte
150 g Zucker	flüssige Butter
1/2 TL Zimtpulver	hinzufügen

Nun die Masse so lange kreuzweise mit zwei Gabeln durchziehen bis Streusel entstehen, oder alles zwischen den bemehlten Händen verreiben. Die Streusel kann man mit 1 P. Vanillezucker und 2 EL gemahlenen Haselnüssen oder Mandeln verfeinern.

Den Teig nach dem Aufgehen kurz durchkneten, auf einem gefetteten Backblech ausrollen, mit Streuseln belegen und nochmals gehen lassen. Anschließend backen.

E-Herd: 200° / Umluft: 170° / Gas: 2-3 / Backzeit: 20-30 Minuten

Nach dem Backen noch warm mit Zucker oder Puderzucker bestreuen.

Hefeteig

Peetzkuche / Butterkuchen

1 Grundrezept Hefeteig (Seite 10), angereichert mit 2 Eigelb

Belag für Butterkuchen:

*150 g Butter
abgeriebene Schale
einer unbehandelten Zitrone
40 g Mandelblättchen*

*75 g Zucker
1 P. Vanillezucker*

mischen

1 Becher Sahne (200 g)

Den aufgegangenen Hefeteig auf ein gut gefettetes Backblech verteilen und nochmals 15-20 Minuten gehen lassen. Anschließend mit zwei bemehlten Fingern in gleichmäßigen Abständen Vertiefungen in den Teig drücken, „peetzen". In diese Mulden Butterflöckchen geben. Abgeriebene Zitronenschale auf den Teig streuen, Mandelblättchen gleichmäßig verteilen und das Zuckergemisch darüber streuen.
Ab in den Ofen!

E-Herd: 200° / Umluft: 180° / Gas: 2-3 / Backzeit: 15-20 Minuten

Nach dem Backen sofort die Sahne gleichmäßig darübergießen.

―――――――――――――――――― Rührteig ――――――――――――――――――

Königskuchen

Für den Teig:

250 g Butter *250 g Zucker* *1 P. Vanillezucker* *5 Eier*	schaumig rühren
1 Pr. Salz *2 EL Rum* *Saft und Schale von 1/2 Zitrone*	hinzufügen
200 g Rosinen *60 g gemahlene Mandeln* *100 g Zitronat, gemahlen*	
250 g Mehl *125 g Speisestärke* *3 gestr. TL Backpulver*	unterrühren

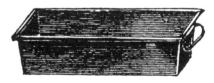

Eine Kastenform fetten, mit Pergamentpapier auslegen oder mit Semmelbrösel ausstreuen, den Teig einfüllen und sofort backen.

E-Herd: 175°- 200° / Umluft: 150°-175° / Gas: 2-3 /
Backzeit: 70 Minuten

Gewürzkuchen

<u>Für den Teig:</u>

250 g Butter *250 g Zucker* *1 P. Vanillezucker* *4 Eier*	zu einer glatten geschmeidigen Masse rühren	
150 g Blockschokolade, kleingeschnitten, *200 g Haselnüsse, gemahlen* *1 gehäufter TL Zimt* *1/2 TL Nelken* *1 Messerspitze Muskat*	hinzufügen	
350 g Mehl *1 P. Backpulver* *eventuell etwas Milch*	unterrühren	

Den Teig in eine gefettete Kranzkuchenform füllen und backen.

E-Herd: 175°-200° / Umluft: 150°-160° / Gas: 2-3 /
Backzeit: 50-60 Minuten

Nusskuchen *(ohne Mehl)*

Für den Teig:

6 Eier	Eigelb und Eiweiß trennen
6 Eigelb *250 g Zucker* *1 P. Vanillezucker*	zu einer dickcremigen Masse aufschlagen
400 g gemahlene Haselnüsse *3 EL geriebener Zwieback* *3 gestr. TL Backpulver*	unterrühren
6 Eischnee	unterheben

Den Teig in eine mit Backpapier ausgelegte Kastenform füllen und backen.

E-Herd: 175° /
Umluft: 150°-160° /
Gas: 3 /
Backzeit: 60-75 Minuten

Rührteig

Nuss-Nougat-Kuchen

Für den Teig:

200 g Haselnusskerne	ohne Fett rösten und grob enthäuten
200 g Nussnougat (schnittfest) *200 g Marzipan-Rohmasse*	in Würfelchen schneiden
250 g weiche Butter *200 g Zucker* *1 P. Vanillezucker* *1 Prise Salz* *5 Eier* *4-5 Tropfen Bittermandel-Aroma*	schaumig rühren
500 g Mehl *1 P. Backpulver*	mischen

und abwechselnd mit

125 g Schlagsahne | unterrühren

Haselnusskerne, Marzipan und Nougat unterheben.

Eine Springform mit Rohrbodeneinsatz fetten, mit Paniermehl ausstreuen und den Teig einfüllen. Im vorgeheizten Ofen backen.

E-Herd: 175° / Umluft: 150° / Gas: 2 / Backzeit: 60 Minuten

Marmorkuchen - *einmal anders*

Für den Teig:

450 g weiche Butter *1 Prise Salz* *1 TL abgeriebene Zitronenschale* *450 g Zucker* *3 EL Rum*	schaumig rühren
10 Eier *450 g Mehl* *3 TL Backpulver*	abwechselnd unter die Buttermasse rühren
1/8 l Sahne	hinzufügen und Teig halbieren
100 g Kuvertüre, *halbbitter, kleingehackt* *30 g Kakao*	unter eine Teighälfte mischen
100 g gemahlene Mandeln	unter die andere Teighälfte geben

Eine Napfkuchenform buttern, mit Semmelbrösel ausstreuen.
Den dunklen Teig auf den hellen verteilen. Eine Gabel spiralförmig durch die beiden Teigschichten ziehen. In den Ofen schieben und backen.

E-Herd: 175°-200° / Umluft: 160°-170° / Gas: 2-3 / Backzeit: 60 Minuten

Rührteig
Eierlikör-Kuchen

Für den Teig:

100 g Butter 100 g Zucker 1 P. Vanillezucker 6 Eigelb (Eiweiß aufbewahren)	schaumig rühren
250 g Haselnüsse, gemahlen 1 P. Backpulver 100 g Schoko-Raspel je 1 Gläschen Rum und Weinbrand	unterrühren
6 Eischnee	unterheben

Den Boden einer Springform mit Backpapier auslegen, Teig einfüllen, backen.

E-Herd: 180°-200° / Umluft: 150°-160° / Gas: 3 / Backzeit: 60 Minuten

Für die Füllung: 600 g Sahne
　　　　　　　　 1 P. Sahnesteif　　steif schlagen
　　　　　　　　 1 EL Puderzucker

Den Kuchen auskühlen lassen und waagerecht durchschneiden. Den Tortenboden mit Eierlikör begießen, etwas einziehen lassen und mit Sahne bestreichen. Den Deckel darauflegen. Die Torte ringsum mit Sahne bestreichen. Auf der Tortefläche als Randverzierung dicht an dicht Sterne setzen.
In die Mitte Eierlikör gießen und glattstreichen. Die Torte kühlen.

Rührteig

Saftiger Schokoladen-Kuchen

Für den Teig:

250 g Butter *250 g Vollmilch-Schokolade*	im Wasserbad schmelzen, abkühlen lassen
6 Eiweiß	zu Schnee schlagen
6 Eigelb *100-150 g Zucker*	schaumig rühren
100 g Mehl *abgekühlte Schoko-Buttermasse*	unterrühren
6 Eischnee	unterheben

Eine Springform (24 cm) einfetten, mit Mehl bestäuben
und den Teig in zwei Phasen backen.

E-Herd:
Backzeit 1. Phase 10 Minuten bei 180° / 2. Phase 20 Minuten bei 150°
Umluft:
Backzeit 1. Phase 180° / 2. Phase 150° /
Gas: 1. Phase 3 / 2. Phase 2

Dieser Kuchen ist wunderbar als Nachtisch mit Sahne,
Eis oder Grütze zu genießen.

Hefe-/Rührteig

Gugelhupf

<u>Für den Teig:</u>

40 g Hefe
1/8 l lauwarme Milch
1 Pr. Zucker
4 EL Mehl

miteinander zu einem Hefevorteig verrühren und unter einem Tuch gehen lassen

100 g Rosinen
2 EL Rum

einweichen

200 g Butter
100 g Zucker
4 Eier
1/2 TL Salz
400 g Mehl
1/8 l Milch
100 g gehackte Mandeln

einen Rührteig herstellen, dabei die Rosinen unterrühren

Den Hefevorteig unter den Rührteig kneten, kräftig schlagen bis er sich vom Schüsselrand löst. Eine Gugelhupfform (22-24 cm) ausfetten, mit abgezogenen, gemahlenen Mandeln ausstreuen. Den Teig in die Form füllen und zugedeckt so lange gehen lassen, bis er den Rand erreicht hat. Anschließend goldbraun backen.

E-Herd: 200°/ Umluft: 180° / Gas: 3 / Backzeit: 50-60 Minuten

Obstkuchen

―――――― Rührteig ――――――

Dunkler Obstboden

besonders geeignet für einen Belag aus roten Früchten

Für den Teig:

100 g Butter
100 g Zucker
3 Eigelb
  (Eiweiß aufbewahren) | zu einem
125 g gemahlene | Rührteig
  Haselnüsse | verarbeiten
2 EL Instant-Kakao
2 EL Mehl
2 TL Backpulver

3 Eischnee | unterziehen

Eine Obstkuchenform gut ausfetten, den Boden mit Pergament- oder Backpapier auslegen, den Teig einfüllen, glattstreichen und sofort backen.

E-Herd: 200° / Umluft: 170°-180° / Gas: 3-4 / Backzeit: 25 Minuten

Rührteig
Rhabarberkuchen mit Mandelkrokant

Für den Teig:

125 g Butter
125 g Zucker
1 P. Vanillezucker
1 Pr. Salz
3 Eier
2 Tropfen Backöl-Aroma
Bittermandel oder Zitrone

zu einer glatten, gebundenen Masse rühren

175 g Mehl
40 g Speisestärke
1 TL Backpulver
100 g gemahlene Haselnüsse

unterrühren

Den Teig in eine gefettete Springform geben.

Für den Belag:

750 g Rhabarber waschen, putzen, in kleine Stücke schneiden und auf dem Teig verteilen.

Für die Krokantmasse:

150 g Butter	schmelzen,
100 g Zucker	hinzufügen, nicht bräunen,
200 ml Rahm	unterrühren,
300 g gestiftete Mandeln	hinzufügen

Die Krokantmasse gleichmäßig auf dem Rhabarber verteilen und backen.

E-Herd: 175° / Umluft: 150° - 160° / Gas: 2 / Backzeit: 60 Minuten

Die Krokantmasse kann man durch einen Guss ersetzen.
Dazu 4 EL Erdbeergelee aufkochen und auf den noch heißen, gebackenen Kuchen streichen.

Knetteig
Johannisbeer-Kuchen

Für den Teig:

200 g Mehl	
1 Messerspitze Backpulver	verkneten und
100 g Butter	30 Minuten kühl stellen
5 EL Zucker	
1 Ei	

Springform einfetten, Teig ausrollen, hineinlegen und einen Rand hochdrücken.

Für den Belag:

500 g rote Johannisbeeren	waschen, abtropfen lassen, abzupfen und auf den Teig geben.
3 Eigelb *100 g Zucker*	schaumig rühren
125 g gemahlene Mandeln	hinzufügen
3 Eischnee	unterheben

Die Mandelmasse auf die Johannisbeeren streichen und backen.

E-Herd: 190° / Umluft: 160°-170° / Gas: 3 / Backzeit: 40 Minuten

Nach dem Auskühlen mit Puderzucker bestreuen.

— Rührteig —

Birnenkuchen

Für den Teig:

250 g Butter	zu einem Rührteig
250 g Zucker	verarbeiten und in eine
4 Eier	gefettete und mit Mehl
400 g Mehl	ausgestäubte Springform
1 TL Backpulver	(24-26 cm) füllen

Für den Belag:

750 g Birnen | schälen, halbieren und das Kerngehäuse entfernen

Die vorbereiteten Birnenhälften mit der Wölbung
nach oben auf den Teig legen und mit

2 EL Hagelzucker	
1 EL gehackte	bestreuen und backen
Pistazien	

E-Herd: 190° / Umluft: 160° - 170° /
Gas: 2 / Backzeit: 60-70 Minuten

_____ Hefeteig _____

Quetschekuche vom Blech

ist im Saarland ein Teil eines Hauptgerichts:
„Bibbelsches Bohnesupp mit Quetschekuche"
(Siehe: „Aus Dibbe & Pann", Lehnert Verlag

1 Grundrezept Hefeteig (S. 10),
dem man noch 2 Eier hinzufügen kann.

Teig kneten, auf einem gefetteten und leicht bemehlten Blech ausrollen. Ränder etwas hochdrücken. Handtuch darüberlegen und noch 10 Minuten ruhen lassen. Der Teig soll dünn sein.

Für den Belag:

3 Pfund „Quetsche"/Zwetschgen waschen und mit einem Tuch abreiben. An einer Seite längs aufschneiden, entsteinen und jede Zwetschgenhälfte nochmals einschneiden. Zwetschgen dachziegelartig dicht hintereinander auf den Teig legen und so lange backen, bis die Teigränder goldbraun sind.

E-Herd: 200° / Umluft: 170° / Gas: 3 / Backzeit: 35-40 Minuten

Manch einer mag seinen
„Quetschekuche" mit Streuseln
(siehe S. 41)

Apfelkuchen mit Schuss

Für den Teig:

100 g flüssige Butter,
200 g Zucker
1 P. Vanillezucker
2 Eier
100 g Mehl
1 gestr. TL Backpulver
100 ml Milch

alles miteinander verrühren

5 große Äpfel schälen, vierteln, entkernen und in Scheiben schneiden, mit Zitronensaft beträufeln, damit sie sich nicht verfärben.
Die Apfelscheiben unter den Teig mischen. Die dickflüssige Masse in eine gebutterte, mit Semmelbrösel ausgestreute Springform gießen und backen.

E-Herd: 190° / Umluft: 160° - 170° / Gas: 2 / Backzeit: 50 Minuten

Für den Guss:

Saft einer Orange
und einer Zitrone
Grand Marnier oder Cointreau

Säfte und die doppelte Menge Likör auf den heißen Kuchen geben und einziehen lassen.

Den Kuchen auf dem Blech abkühlen lassen und noch lauwarm mit Zimt- oder Vanilleeis servieren.

Elsässer Apfelkuchen

Für den Teig:

200 g Mehl	verkneten und
100 g Butter	in Folie gewickelt
1 Eigelb	2 Stunden
30 g Zucker	im Kühlschrank
2 EL eiskaltes Wasser	ruhen lassen

Für den Belag:

1 kg Äpfel schälen, vierteln, Kerngehäuse entfernen. Apfelviertel in Scheiben schneiden und mit Zitronensaft beträufeln. Eine Obstkuchenform mit glattem Rand (26 cm) oder eine Keramikform einfetten. Den Teig 4 mm dick ausrollen und die Form damit auslegen. Den Teigboden mit der Gabel mehrmals einstechen, mit den Apfelscheiben belegen und backen.

E-Herd: 200° / Umluft: 170° / Gas: 3 / Backzeit: 25 Minuten

Für den Guss:

100 g Zucker	
3 Eier	schaumig rühren
1/8 l Sahne	
Mark einer Vanilleschote	

Den halbgebackenen Kuchen mit der Sahnemasse übergießen und weitere 20-30 Minuten backen.

Apfelkuchen vom Blech

Für den Teig:

300 g Mehl	verkneten
200 g Butter	und
1 EL Zucker, 1 TL Salz	kalt stellen
5-6 EL eiskaltes Wasser	

Den Knetteig auf einem gefetteten Backblech ausrollen und vorbacken.

E-Herd: 200° / Umluft: 170° / Gas: 3 / Backzeit: 10 Minuten

Für den Belag:

1,5-2 kg August-Äpfel feinblättrig schneiden, mit Zitronensaft beträufeln und auf den vorgebackenen Teig geben. Nochmals 20 Minuten backen.

Für den Guss:

5 EL Apfelgelee	aufkochen
5 EL Calvados	hinzufügen

Den noch heißen Kuchen damit bestreichen.

Knetteig

Gedeckter Apfelkuchen

Für den Teig:

300 g Mehl	*1 Pr. Salz*	alles zu
2 gestr. TL Backpulver	*1 Ei*	einem Knetteig
100 g Zucker	*1 EL Milch*	verarbeiten
175 g Butter		

Für die Füllung:

1 kg Äpfel	schälen, vierteln, Kerngehäuse entfernen in Spalten schneiden und mit
70 g Zucker *1/2 TL Zimt* *40 g gehackte Mandeln* *100 g Sultaninen* *1 EL Wasser*	unter Rühren kurz dünsten und erkalten lassen

Gut die Hälfte des Teiges ausrollen, eine gefettete Springform damit auslegen. Teig mehrmals einstechen und die Füllung darauf verteilen. Teigrest zu einem Deckel ausrollen und die Äpfel damit abdecken. Die Teigränder zusammendrücken.

E-Herd: 200° / Umluft: 170°-180° / Gas 3-4 / Backzeit: 40 Minuten

Sofort nach dem Backen mit einer hellen Marmelade überpinseln und mit einer Glasur aus *3 EL Puderzucker* und etwas heißem Wasser bestreichen.

Knetteig
Apfelkuchen mit Apfelsaft

Für den Teig:

250 g Mehl	*1 Ei*	zu einem glatten Teig
100 g Zucker	*1 P. Vanillezucker*	verkneten, ausrollen und
100 g Butter	*1/2 P. Backpulver*	eine gefettete Springform
		damit auslegen

Für den Belag:

8 - 9 Äpfel	schälen, in feine Scheiben schneiden und auf den Teig legen
3/4 l reiner Apfelsaft	nach Vorschrift kochen, heiß über
2 P. Vanillepudding	die Äpfel gießen und backen

E-Herd: 200° / Umluft: 170-180° / Gas: 3 / Backzeit: 60 Minuten

Den Kuchen in der Form erkalten lassen.

Für den Belag:

250 g Quark	rühren bis der Zucker aufgelöst ist
100 g Zucker	
1/2 l Sahne	steif schlagen, unter den Quark heben
2 P. Sahnesteif	und auf dem Kuchen streichen

Den Kuchen mit Kakao bestäuben und einige Stunden kühlen.

Rührteig

Aprikosenkuchen mit Quarkguss

Für den Teig:

175 g Butter
150 g Zucker
1 P. Vanillezucker
1 Pr. Salz
3 Eier
200 g Mehl
75 g Speisestärke
1 TL Backpulver

einen Rührteig herstellen, diesen auf ein gut gefettetes Backblech streichen und im vorgeheizten Ofen vorbacken

E-Herd: 200° / Umluft: 175° / Gas 3 / Backzeit: 15 Minuten

Für den Belag:

1500 g frische Aprikosen | überbrühen, abziehen, halbieren, entkernen und auf den vorgebackenen Teig legen

Für den Guss:

500 g Speisequark
2 Eier
100 g Sahne
150 g Zucker
2 EL Vanille-Puddingpulver

verrühren, über die Aprikosen geben bis diese fast bedeckt sind. Bei angegebener Gradzahl 45 - 60 Minuten weiterbacken. Den heißen Kuchen mit aufgekochter Aprikosenmarmelade bestreichen

Rührteig

Kirsch- oder Aprikosentörtchen

Für den Teig: (etwa 10 Törtchen)

75 g Butter *100 g Zucker* *1 P. Vanillezucker* *2 Eier* *1 Pr. Salz*	zu einer glatten, geschmeidigen Masse verrühren
abgeriebene Schale einer unbehandelten Zitrone	hinzufügen
75 g Speisestärke *85 g Mehl* *1/2 TL Backpulver*	unterrühren
100 g Nougat-Schokolade, gehackt *1 Glas (340 ml) Sauerkirschen, abgetropft oder 500 g Aprikosen, entkernt, kleingeschnitten*	unter den Teig rühren

10 Papierförmchen zu 2/3 mit Teig füllen, glattstreichen und backen.

E-Herd: 175° / Umluft: 150°-160° / Gas: 2 / Backzeit: 20-25 Minuten

Die gebackenen Törtchen mit einem Guss aus 150 g Puderzucker und etwas Zitronensaft überziehen.

Rührteig
Apfel-Haselnuss-Kuchen

Vor der
Herstellung des Teiges:

4 große Äpfel	schälen, vierteln, in dünne Scheiben schneiden und mit Rum beträufeln

Für den Teig:

250 g Butter *350 g Zucker* *1 P. Vanillezucker* *4 Eier*	zu einer glatten, geschmeidigen Masse rühren
2 EL Kakao *1 TL Zimt*	unterrühren
250 g Mehl *1 P. Backpulver* *250 g gemahlene Haselnüsse* *1 Tasse Milch*	hinzufügen

Äpfel unterheben

Den Teig in eine gefettete, mit Semmelbrösel ausgestreute Springform füllen und backen.

E-Herd: 180° / Umluft: 160° / Gas: 3 / Backzeit: 60 Minuten

— Hefeteig —

Wäälekuche / Heidelbeerkuchen

1 Grundrezept Hefeteig (S. 10)

Für den Belag:

*1 kg gewaschene,
gut abgetropfte Wääle
(Heidelbeeren)
4 EL Zucker* | mischen

Den Teig auf einem gefetteten Backblech ausrollen, ihn an den Rändern etwas hochziehen, mehrmals mit der Gabel einstechen und 15 Minuten gehen lassen.
3 EL Semmelbrösel darüberstreuen, die Heidelbeeren gleichmäßig darauf verteilen und backen.

E-Herd: 220° / Umluft: 190°-200° /
Gas: 4-5 / Backzeit: 30 Minuten

Den Heidelbeerkuchen
kann man auch
mit Streuseln belegen.

Knetteig

Stachelbeerkuchen

Für den Teig:

250 g Mehl 1 TL Backpulver 75 g Zucker 1 Pr. Salz 1 P. Vanillezucker 2 Eigelb 125 g Butter 1-2 EL Milch	verkneten und kühl stellen

Für die Nussmasse:

150 g Haselnüsse, gemahlen 50 g Zucker	mit Milch zu einer glatten Masse verrühren

Für den Stachelbeerbelag:

1 kg Stachelbeeren	waschen und putzen
2 EL Butter 2-3 EL Zucker	erhitzen und darin karamelisieren lassen mit
1 Glas Orangensaft	loskochen

Stachelbeeren in diesem Sud 5 Minuten köcheln lassen,
auf einem Sieb abtropfen und abkühlen lassen. Sud auffangen.

Für die Baisermasse:

2 Eiweiß
1 Tasse Zucker | steifschlagen

1/2 Tasse Sud | unterschlagen

Den Knetteig ausrollen, in eine gefettete Springform legen,
Rand hochziehen und den Boden mehrmals mit der Gabel einstechen.
Den Teig mit der Nussmasse bestreichen und vorbacken.

E-Herd: 180° /
Umluft: 160° / Gas: 3 /
Backzeit: 10 Minuten

Die Stachelbeeren auf dem
vorgebackenen Boden verteilen,
Baisermasse daraufstreichen
und in 25-30 Minuten
fertigbacken

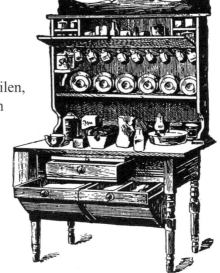

― Hefeteig ―

Hefewaffeln

Für den Teig:

20 g Hefe *etwas Zucker* *etwas Milch*	verrühren und gehen lassen
2 Tassen Mehl *2 Tassen Milch*	mit dem Hefeansatz zu einem glatten Teig rühren
1 Tasse flüssige Butter	zuletzt einrühren

Den Teig gehen l[…]
umrühren und W[…]
Dick mit vanillie[…]
bestäuben und mi[…]
Kirschkompott u[…]
Sahne servieren.

Mei Mudder backt Waffele,
se backt se so zart,
se backt 'er zweihunnert
mit ähner Speckschwart

Gefüllte Kuchen

Gudde Morje im neie Jòhr,
e Brezel wie e Scheierdoor,
e Kuche wie e Ooweplatt,
do werre ma allegaare satt!

Hefeteig

Bienenstich

1 Grundrezept Hefeteig (S. 10) angereichert mit einem Ei

Für die Mandeldecke:

125 g Butter	in nicht zu heißer Pfanne schmelzen
125 g Zucker *1 P. Vanillezucker*	hinzugeben und darin auflösen
200 g Mandeln gehobelt *3 EL Milch oder Sahne* *evtl. 1 Messerspitze Zimt*	hinzufügen und erkalten lassen

Den Teig ausrollen und in eine Springform geben.
Mehrmals mit einer Gabel einstechen, damit der Teig keine Blasen wirft.
Erkaltete Mandelmasse aufstreichen.
Den Teig nochmals gehen lassen, bis er sich verdoppelt hat.
In den Ofen schieben und backen.

E-Herd: 180°-200° /
Umluft: 160°-170° /
Gas: 3 /
Backzeit: 30-45 Minuten

Füllung für einen Bienenstich:

3/4 l Milch	einen Pudding kochen,
100 g Zucker	erkalten lassen,
2 P. Vanille-Puddingpulver	
1/4 l Schlagsahne	steif schlagen und unter den
1 P. Sahnesteif	erkalteten Pudding heben

Den abgekühlten Kuchen einmal quer in zwei Hälften schneiden. Den oberen Teil in 16 Stücke schneiden. Die untere Hälfte mit der Creme bestreichen und die geschnittene Decke auflegen.

Hefeteig und Quark-Ölteig

Rosen- oder Schnecken-Kuchen

Für den Hefeteig:
(Zubereitung siehe Seite 10)

325 g Mehl
20 g Hefe
50 g Zucker
1 Pr. Salz
75 g zerlassene Butter
1/8 l lauwarme Milch
1 Ei

Für den Quark-Ölteig:

200 g Quark, abgetropft
8 EL Speiseöl
6 EL Milch
1 Ei
100 g Zucker
1 P. Vanillezucker
1 Pr. Salz
400 g Mehl
1 P. Backpulver

Zutaten des Quark-Ölteigs miteinander verkneten

Die weitere Verarbeitung ist bei beiden Teigen gleich.

Teig zu einem 50x40 cm großen Rechteck auf bemehlter Arbeitsfläche ausrollen und mit 75 g weicher Butter bestreichen.

Häufig bleibt beim Backen von Hefekuchen etwas Teig übrig. Besonders Kinder freuen sich, wenn daraus kleine Schnecken hergestellt werden. Sie werden so gebacken wie der Rosen- oder Schnecken-Kuchen. An manchen Orten im Saarland nennt man diese Teilchen liebevoll

„Märpsjer"

Für die Füllung:

175 g gehackte Mandeln *75 g Zucker* *1 P. Vanillezucker* *100 g in Rum eingeweichte Rosinen*	vermischen, auf die Teigplatte streichen und diese von der längeren Seite her aufrollen

Diese Rolle in 15 Stücke schneiden, mit der offenen Seite nach oben in eine gefettete Springform setzen. Den Hefeteig nochmals gehen lassen. Mit Dosenmilch bestreichen und backen.

Hefeteig:	Quark-Ölteig:
E-Herd: 200° /	175°-200° /
Umluft: 170°-180° /	150°-170° /
Gas: 3 /	Gas: 3-4 /
Backzeit: 30 Minuten	Backzeit: 35-55 Minuten

Knetteig

Käsekuchen

Für den Teig:

210 g Butter *2 EL Zucker* *280 g Mehl* *2 Eigelb* *1 Pr. Salz* *etwas Wasser*	zu einem Teig verkneten und kalt ruhen lassen
2 Eiweiß	für die Käsemasse aufbewahren

Anschließend den Teig ausrollen, eine Springform füllen, Rand hochdrücken, Teigboden mit der Gabel mehrmals einstechen.

Für die Käsefüllung:

125 g Butter	schmelzen und erkalten lassen
1 kg Quark *3 Eier* *200 g Zucker*	gut verrühren
1 P. Käsekuchenhilfe *40 g Speisestärke*	dazugeben und glattrühren

geschmolzene Butter	unter die
1/2 l heiße Milch	Käsemasse rühren
2 Eiweiß	zu Schnee schlagen, unterheben

Die Käsemasse auf den Teig geben und backen.

E-Herd: 160°-175° / Umluft: 130°-140° / Gas: 2 / Backzeit: 60-70 Minuten

Saarbrigger Kääskuche

Für den Teig:

200 g Mehl
100 g Zucker
100 g Butter
1 Ei
1 P. Vanillezucker
1/2 P. Backpulver

| verarbeiten und kühlstellen

Für die Käsemasse:

750 g Magerquark
150 g Zucker
4 Eigelb
1 P. Vanille-Puddingpulver
1 P. Vanillezucker
1/4 l Milch

| glattrühren

4 Eiweiß | zu Schnee schlagen und unterheben

Den Knetteig ausrollen, eine gefettete Springform damit auslegen, Käsemasse einfüllen, glattstreichen und backen.

E-Herd: 180°-200° / Umluft: 150°-160° / Gas: 3 / Backzeit: 60 Minuten

Apfelstrudel

Für den Teig:

200 g Mehl
1 Pr. Salz
3 EL Öl
5 EL lauwarmes Wasser

zu einem glatten Teig verarbeiten

75 g Butter, flüssig | zum Bestreichen

In einen trockenen, heißen Kochtopf (vorher Wasser darin kochen) den Teig auf Pergamentpapier legen, mit einem Deckel verschließen und 30 Minuten ruhen lassen.

Füllung wie Apfelrolle (S. 80)

Den Teig auf der bemehlten Arbeitsfläche, besser auf einem bemehlten Tuch, dünn ausrollen, mit etwas Fett bestreichen und anschließend mit den Händen zu einem Rechteck ausziehen, bis er durchsichtig ist. Nochmals mit flüssiger Butter bestreichen. Semmelbrösel darauf streuen und Füllung darauf verteilen. Den Teig von der längeren Seite her aufrollen, die Enden zusammendrücken, auf ein gefettetes Backblech legen, mit der restlichen Butter bestreichen und backen.

E-Herd: 170°-200° / Umluft: 160°-170° / Gas: 3-4 / Backzeit: 50 Minuten

Hefeteig

Weihnachtsstollen

Für den Teig:

2 P. Frischhefe *oder 2 P. Dauer-Backhefe* *2 TL Zucker* *200 ml lauwarme Milch*	sorgfältig anrühren und gehen lassen
750 g Mehl *125 g Zucker* *1 P. Vanillezucker* *250 g lauwarme Butter* *etwas Salz* *6 Tropfen Zitronenaroma* *6 Tropfen Bittermandelöl* *1 Fl. Rum-Aroma* *je 1 Messerspitze gemahlener Kardamom* *und gemahlene Muskatblüte*	mit der gegangenen Hefe zu einem glatten Teig verarbeiten
250 g Rosinen, gewaschen *125 g Korinthen, gewaschen* *100 g Zitronat, feingewürfelt,* *150 g Mandeln, geschält und gemahlen*	hinzufügen

Den Teig an einem warmen Ort so lange gehen lassen, bis er etwa doppelt so hoch ist. Dann gut durchkneten, zu einem abgerundeten Rechteck ausrollen, zusammenklappen, damit die Stollenform entsteht, auf ein gefettetes Backblech legen, mit einem Tuch abdecken, wieder 20 Minuten gehen lassen und backen.

E-Herd: 175° / Umluft: 150°-160° / Gas: 2-3 / Backzeit: 50-60 Minuten

Den Stollen sofort nach dem Backen mit 75 g flüssiger Butter bestreichen und mit 50 g Puderzucker bestäuben.

Quark-Blätterteig

Apfelrolle

Für den Quark-Blätterteig:

250 g Mehl	
2 gestr. TL Backpulver	
250 g Magerquark	verkneten
250 g Butter	
1 Pr. Salz	

Teig etwa 1/2 cm dick ausrollen, mehrfach übereinanderschlagen und kalt stellen. Diesen Vorgang mehrmals wiederholen.

Für die Füllung:

750 g Äpfel	schälen, vierteln, Kerngehäuse entfernen und in feine Scheiben schneiden
	mit
100 g Zucker	
50 g gemahlene Haselnüsse	mischen
50 g Rosinen	

Den Teig zu einem Rechteck (30x40 cm) ausrollen, die Ränder glattschneiden und daraus Belagstreifen ausschneiden. Semmelbrösel auf den ausgerollten Teig streuen und die Füllung darauf verteilen (an den Rändern etwa 2 cm frei lassen). Den Teig von der längeren Seite her aufrollen, die Ränder mit Eigelb bestreichen und fest zusammendrücken.

Die Belagstreifen kreuzweise über die Rolle legen, Milch und 1 Eigelb verrühren, die Rolle damit bestreichen und auf einem mit kaltem Wasser benetzten Blech backen.

E-Herd: 200°-220° / Umluft: 180° / Gas: 4-5 / Backzeit: 30-35 Minuten

Rühr-Knetteig

Quarkstollen

Für den Teig:

500 g Mehl
1 P. Backpulver
1 Pr. Salz
200 g Zucker
175 g Butter
2 Eier
250 g Magerquark
4 Tropfen Backöl Zitrone
oder 4 Tropfen Bittermandelöl
1 Fl. Rum-Aroma

zu einem Rühr-Knetteig verarbeiten

150 g gehackte Mandeln
100 g feingehacktes Zitronat
200 g Rosinen

unterkneten

Den Teig zu einem großen oder zu zwei kleinen Stollen formen, auf ein gefettetes Backblech legen und backen.

E-Herd: 180° / Umluft: 160° / Gas: 3 / Backzeit: 60-80 Minuten.

Sogleich nach dem Backen mit zerlassener Butter bestreichen und mit Puderzucker bestäuben. Der Quarkstollen kann bereits am nächsten Tag angeschnitten werden.

Torten

Biskuitteig
Erdbeer-Sahnetorte

Für den Tortenboden:

4 Eigelb
4 EL heißes Wasser
125 g Zucker
1 P. Vanillezucker
100 g Mehl
50 g Speisestärke
1 TL Backpulver
4 Eischnee

zu einem Biskuitteig verarbeiten,
in einer Springform backen

E-Herd: 175°-200° / Umluft: 150°-160° / Gas: 3-4 / Backzeit: 20-30 Minuten

Biskuitboden einmal waagerecht halbieren, eine Hälfte in eine Springform legen oder mit einem Tortenring versehen, Erdbeersahne (Seite 85) hineinfüllen, glattstreichen. Zweiten Biskuitboden darauflegen und andrücken. Torte im Kühlschrank fest werden lassen (mehrere Stunden oder über Nacht).

Für die Erdbeer-Sahnefüllung:

600 g Erdbeeren	waschen und putzen mit
100 g Zucker	vermengen, 30 Minuten durchziehen lassen und pürieren
6 Blatt Gelatine	in kaltem Wasser einweichen, ausdrücken mit
1 EL Wasser	auflösen und unter das Erdbeerpüree rühren
1/2 l Sahne	steifschlagen, unter das Püree ziehen

Für die Garnitur:

1/4 l Sahne *2 EL Vanillezucker*	steifschlagen

1 EL gehackte Pistazien
etwa 6 Erdbeeren
kleine Minzeblättchen

Torte rundum mit einem Teil der Sahne bestreichen. Restliche Sahne in einen Spritzbeutel füllen, die Torte mit Sahnestreifen oder -sternen verzieren. Mit Erdbeerhälften, Pistazien und Minzeblättchen garnieren.

Rührteig

Krümeltorte

Für den Teig: Kuchen einen Tag zuvor abbacken

200 g Butter	
200 g Zucker	
6 Eigelb	zu einem
100 g Schokolade, geraspelt	Rührteig
100 g Haselnüsse, gemahlen	verarbeiten
150 g Mehl	
25 g Stärkemehl	
1 P. Backpulver	

6 Eischnee | unterheben

Den Teig in eine gefettete Springform füllen und backen.

E-Herd: 175° / Umluft: 160° / Gas: 2-3 / Backzeit: 60 Minuten

Für die Füllung:

400 g Sahne	
1 P. Sahnesteif	steifschlagen
2 P. Vanillezucker	

Den Kuchen 1 cm vom Rand einschneiden, mit einem Löffel aushöhlen und verkrümeln. 2/3 der Krümel unter die steifgeschlagene Sahne heben, diese Masse in den ausgehöhlten Kuchen füllen, Rest der Krümel darübergeben und mit Puderzucker bestäuben. Die Torte kühlen.

Bisquitteig

Preiselbeertorte

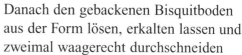

Für den Teig:

4 Eigelb	zu einem Bisquitteig
4 EL heißes Wasser	verarbeiten,
125 g Zucker	in eine gefettete
1 P. Vanillezucker	Springform füllen
1 Pr. Salz	und backen.
200 g Mehl	Danach den gebackenen Bisquitboden
30 g Kakao	aus der Form lösen, erkalten lassen und
2 TL Backpulver	zweimal waagerecht durchschneiden

E-Herd: 180°-200° / Umluft: 160°-170° / Gas: 2 / Backzeit: 25-35 Minuten

Für die Füllung:

10 Blatt rote Gelatine	nach Anweisung auflösen und unter die
500 g Preiselbeerkompott	Preiselbeeren rühren
1/2 l Sahne	steif schlagen und unterheben

Mit der Hälfte der Preiselbeersahne den untersten Boden bestreichen und den zweiten Boden auflegen. Restliche Preiselbeersahne darauf verteilen und mit dem dritten Boden abdecken.

400 ml Sahne, 1 P. Sahnesteif und 2 EL Puderzucker steif schlagen, die Tortenoberfläche und den Rand damit bestreichen. Die Torte garnieren.

― Knetteig ―

Himmelstorte

Für diese Torte benötigt man zwei Tortenböden

Für einen Boden:

65 g Butter
65 g Zucker
2 Eigelb
100 g Mehl
1 TL Backpulver

| zu einem Knetteig verarbeiten

Für die Baisermasse:

2 Eiweiß | zu steifem Schnee schlagen

100 g Zucker | dazurieseln lassen

Den Teig zu einer runden Platte in Größe der Springform (26-28 cm) ausrollen, den Boden der gefetteten Springform damit auslegen. Die Baisermasse draufstreichen, mit 1/2 P. Mandelplättchen bestreuen und backen. Diesen Vorgang für den zweiten Tortenboden wiederholen.

E-Herd: 175° / Umluft: 150°-160° / Gas: 3 / Backzeit: 20-25 Minuten

Nach dem Backen die beiden Böden auskühlen lassen.

Für die Füllung:

1 Glas Sauerkirschen	im Sieb abtropfen lassen

1/4 l Kirschsaft	Puddingpulver anrühren,
3 EL Zucker	in den kochenden Kirschsaft gießen,
1 P. Vanille-	aufkochen und
Puddingpulver	diesen Guss erkalten lassen

1/4 l Sahne	
1 P. Sahnesteif	steif schlagen
1 EL Puderzucker	

Die abgetropften Kirschen auf dem ersten Tortenboden verteilen, den erkalteten Guß darübergeben, die steif geschlagene Sahne darauf verstreichen und den zweiten Tortenboden draufsetzen. Mit Puderzucker bestäuben.

Statt der Kirschen kann man auch tiefgefrorene Himbeeren (300-400 g) oder auch Johannisbeeren verwenden.

Fettgebackenes

'S is Faasenacht, 's is Faasenacht,
die Kieschelscher genn geback',
eraus demit, eraus demit,
ma stegge se in de Sack.

Unn wann mei Mudder
kenn Kieschelscher backt,
dann blòòse ma uff die Faasenacht.

'S is Faasenacht, 's is Faasenacht,
die Kieschelscher genn geback'.

Faasenachts-Kieschelscher

Für den Hefeteig:

500 g Mehl
40 g Hefe oder 1 P. Trocken-Backhefe
1 gestr. TL Salz
100 g Zucker
100 g geschmolzene, abgekühlte Butter
3 Eier

verarbeiten und gehen lassen

Den Teig auf bemehlter Arbeitsfläche gut durchkneten, etwa 1 cm dick ausrollen und mit einem Wasserglas runde Formen ausstechen. Diese an einem warmen Ort gehen lassen, bis sie sich vergrößert haben.

Anschließend die Kieschelscher in siedendem Pflanzenfett oder Öl schwimmend auf beiden Seiten goldbraun backen, mit einem Schaumlöffel herausnehmen, auf Küchenkrepp abtropfen lassen und dann in Zucker wenden.

Howwelspään

Für den Knetteig:

500 g Mehl *1 gestr. TL Backpulver* *100 g Zucker* *1 Fl. Rum-Aroma* *einige Tropfen Zitronenaroma* *3 Eier* *4 EL Milch* *125 g Butter*	alles miteinander verkneten

Den Teig dünn auf bemehlter Arbeitsfläche ausrollen und in Streifen von etwa 7x3 cm Größe ausrädeln. Diese in der Mitte einschneiden und ein Ende des Teigstreifens einmal durchziehen. In siedendem Ausbackfett goldbraun backen, herausnehmen, gut abtropfen lassen und mit Puderzucker bestäuben.

Rezepte-Verzeichnis

A

Anis-Pläddsjer 22
Apfel-Haselnuss-Kuchen 64
Apfelkuchen mit Apfelsaft 61
Apfelkuchen vom Blech 59
Apfelkuchen, Elsässer 58
Apfelkuchen, gedeckter 60
Apfelkuchen mit Schuss 57
Apfelrolle 80
Apfelsinen-Schnitten 37
Apfelstrudel 77
Aprikosenkuchen
  mit Quarkguss 62
Ausgestochenes 19

B

Bienenstich 70
Birnenkuchen 55
Butterkuchen 42

D

Dattelmakronen 31

E

Eierlikör-Kuchen 48
Erdbeer-Sahnetorte 84

F

Faasenachts-Kieschelscher 91

G

Gewürzkuchen 44
Grimmelkuche 41
Gugelhupf 50

H

Halbmonde 32
Hefeteig 10
Hefewaffeln 68
Heidelbeerkuchen 65
Himmelstorte 88
Howwelspään 92
„Holzgebäck" 26
Honig-Guddsjer 14

J

Johannisbeer-Kuchen 54

K

"Kalter Hund" 28
Karamell-Guddsjer 14
Käsekuchen 74
Kääskuche, Saarbrigger 76
Kirsch- oder Aprikosentörtchen . 63
Kokosmakronen 35
Königskuchen 43
Krümeltorte 86

L

Lebkuchen-Schnitten 33

M

Makronen 23
Mandeln, gebrannte 16
Mandelherzen 36
Marmorkuchen,
 einmal anders 47
"Märpsjer" 72

N

Nougat-Pläddsjer 29
Nusskuchen (ohne Mehl) 45
Nuss-Nougat-Kuchen 46

O

Obstboden, dunkel 51

P

Peetzkuche 42
Pfeffernüsse 21
Pistazien-Makronen 17
Preiselbeertorte 87

Q

Quarkstollen 82
Quetschekuche vom Blech 56
Quittenbrot 38

R

Rahm-Guddsjer 15
Rhabarberkuchen
 mit Mandelkrokant 52
Rosen- oder Schneckenkuchen .. 72

S

Sahne-Honig-Guddsjer 15
Schneckenkuchen 72
Schokoladen-Kuchen, saftig 49
Spitzbuwe 34
Spritzgebackenes 18
Stachelbeerkuchen 66
Streuselkuchen 41

T
Terrassen 27

V
Vanillehörnchen 20

W
Wäälekuchen 65
Walnuss-Schäumchen 25
Walnuss-Zungen 30
Weihnachtsstollen 78

Z
Zimtmandeln, gebrannte 16
Zimtsterne 24
Zimtwaffeln 25
Zuckerkuchen 40

Alles über das Saarland

aus dem Lehnert Verlag

Kleine Saarland-Reihe:

14,5 x 14,5 cm, broschiert, 86 bis 96 S.

Charly Lehnert
Hauptsach - Gudd gess
Rezepte der saarländischen Küche
für Gourmets
ISBN 978 3-926320-78-0

Claudia Lehnert
Aus Dibbe & Pann
Rezepte der traditionellen,
typisch saarländischen Küche.
Illustrationen: Pat Thiebaut
ISBN 978 3-926320-31-5

Claudia Lehnert und Charly Lehnert
Dibbelabbes
Kartoffel-Rezepte der
saarländischen Küche.
ISBN 978 3-926320-58-2

Charly Lehnert
Das Lyoner Buch
Lyoner-Rezepte der
saarländischen Küche
ISBN 978 3-926320-99-5

Charly Lehnert
Die gudd Supp
Suppen-Rezepte der saarl. Küche.
ISBN 978 3-926320-85-8

Schorsch Seitz
**Das saarländische
Schwenker-Buch**
Betrachtungen zum Schwenker und
zum Schwenker-Kult im Saarland.
Illustrationen: Schorsch Seitz
ISBN 978 3-926320-72-8

Ria Seitz-Lehnert
Sießschniss * Neu
Das saarländische Backbuch mit
Rezepten für Guddsjer, Pläddsjer,
Schnääges, Kuchen.
ISBN 978 3-926320-79-7

Charly Lehnert & Gerhard Bungert
So schwätze mir
Ein Sprachführer Hochdeutsch-
Saarländisch. Mit Grammatik.
Illustrationen: Pat Thiebaut
ISBN 978 3-926320-09-4

Charly Lehnert
DerDieDasDòò
Saarländische Redensarten und Sprüche
(„Mir schwätze, wie uns de Schanwwel
gewachs is") in rheinfränkischer und
moselfränkischer Mundart.
Illustrationen: Pat Thiebaut
ISBN 978 3-926320-77-3

Charly Lehnert
's Guddsje
Geschichten aus dem Saarland
von früher uind heute
Originale und Originelles
Illustrationen:
Wilheilm Schaaf und Christian Woytt
ISBN 978 3-926320-81-0

Charly Lehnert
**Liebe(s)Grüße
aus dem Saarland**
Liebe und klòre Mundart-Geschichten,
Gedichte, Liedertexte und Sprüche
aus dem Saarland und aus Lothringen.
Illustrationen: J. Kirsch, Charly Lehnert
und Pat Thiebaut
ISBN 978 3-926320-73-5

Ria Seitz-Lehnert & Charly Lehnert
Ixe-Dixe-Silwerglixe
Lustige und freche Reime aus dem
Saarland für „die Pänz" und für
Erwachsene.
Illustrationen: Pat Thiebaut
ISBN 978 3-926320-30-8

Charly Lehnert
Oh, wie kloor!
Das saarländische Witze-Buch.
Illustrationen: Arno Wanger
ISBN 978 3-926320-54-4

Weitere Bücher zu den Themen
Mundart * Redensarten * Landeskunde *
Mentalität und Lebensart * Land und
Leute *Dokumentationen * Unterhaltung
sowie Erzählungen und Romane sind
überall im Buchhandel zu beziehen -
oder über die Internet-Buchhandlung

LEHNERT VERLAG

Charly Lehnert
Tannenstraße 7
66129 Saarbrücken-Bübingen
Telefon (0 68 05) 207 86-0
Telefax (0 68 05) 207 86-1
lehnert-verlag@t-online.de
Internet-Buchhandlung
www.lehnert-verlag.de